Daniel Bühling

HOCHZEIT M/W/D

Daniel Bühling

Hochzeit m/w/d

Bunt getraut ins Eheleben

Bibliografische Information der Deutschen Nationalbibliothek: Die Deutsche Nationalbibliothek verzeichnet diese Publikation in der Deutschen Nationalbibliografie; detaillierte bibliografische Daten sind im Internet über http://dnb.dnb.de abrufbar.

Fotos: pixabay.com, pexels.com

Satz: René Bühling, www.buehling.org

Herstellung und Verlag: BoD – Books on Demand, Norderstedt

ISBN: 9783754356500

INHALTSVERZEICHNIS

I

Ein jedes Ja ist Wagnis und verlangt ein Ziel. Du kannst dir nicht ein Leben lang die Türen alle offen halten, um keine Chance zu verpassen.

Auch wer durch keine Türe geht und keinen Schritt nach vorne tut, dem fallen Jahr für Jahr die Türen eine nach der anderen zu.

Wer selber leben will, der muss entscheiden: Ja oder Nein - im Großen und im Kleinen.

Wer sich entscheidet, wertet, wählt, und das bedeutet auch: Verzicht. Denn jede Tür, durch die er geht, verschließt ihm viele andere. Man darf nicht mogeln und so tun, als könne man beweisen, was hinter jener Tür geschehen wird.

Ein jedes Ja - auch überdacht, geprüft - ist zugleich Wagnis und verlangt ein Ziel.

Das aber ist die erste aller Fragen:

Wie heißt das Ziel, an dem ich messe Ja oder Nein?

Und: Wofür will ich leben?

– Paul Roth

1. DAS BESONDERE DER FREIEN TRAUUNG

In so mancher freien Trauung findet sich wohl auch das Gedicht von Paul Roth mit dem Titel „Ja oder Nein". Ein aus freiem Herzen und durch die Liebe begründetes JA zu einem anderen Menschen ist immer etwas Besonderes. Dass die Ehe immer auch ein Wagnis bleibt, muss nicht explizit gesagt sein. Keiner kennt die Zukunft. Daher ist das JA zu einem Menschen auf tiefem Vertrauen und großer Hoffnung gegründet.

Die Hochzeitsbranche boomt nach wie vor und da ist es klar, dass sich viele neue Bräuche, Möglichkeiten und Angebote zu den Altbewährten hinzugesellen. Neu ist eine freie Trauung wahrlich nicht. So richtig in Fahrt kam der freie Trauungsmarkt aber erst 2009. Den Beginn machten, wie auch in meinem Fall, Theologen, welche auf dem Weg zum Priester waren oder sogar schon Pfarrer waren, dann aber der Liebe oder anderer Gründe wegen ihren Dienst niedergelegt haben.

Aus der Not und der Suche danach, wie Theologen*innen außerhalb der Institution Kirche tätig sein können, entsprang die Idee, Lebenswendfeiern wie Hochzeiten, Beerdigungen oder Willkommensfeiern für Babys jenen anzubieten, die ebenso keiner Kirche oder Glaubensgemeinschaft angehören, sich jedoch an diesen Lebenspunkten etwas Besonderes wünschen.

Besonders ist eine freie Trauung allemal. Der/die richtige Trauredner*in verleiht jeder freien Hochzeit Individualität. So einzigartig die Geschichte zweier Menschen ist, welche sich begegnen, lieben lernen und ihre Zukunft planen, so einzigartig sollte auch das JA-Wort zueinander sein.

Am Leben des Paares sollte sich der Anspruch eines Redners/einer Rednerin orientieren. Dazu später mehr.

So besonders also wie die Geschichte zweier Menschen, so besonders sind auch all die Möglichkeiten, welche eine freie Trauung bietet. Sei es der Ort, die Musik, die Rituale. Kein Pfarrer, der entscheidet welche Musik gespielt wird und welche nicht. Keine Vorgabe, dass die Trauung immer in einem kirchlichen Raum stattfinden muss. Kein seit Jahrhunderten festgelegter Textrahmen, der bei jedem Paar gleich scheint. Dafür aber Rituale, welche sich an den Wünschen des Hochzeitspaares orientieren und sogar Raum geben, die Gäste und Familien miteinzubeziehen.

Dies alles heißt aber nicht, dass eine freie Trauung außerhalb des kirchlichen Rahmens auf Wunsch nicht auch in christlichem oder gläubigem Ansinnen vollzogen werden *kann*. Zahlreiche Paare sind gläubig oder religiös geprägt und wünschen sich diese Aspekte auch in ihrer freien Hochzeit.

Nur weil man ein Problem mit dem Bodenpersonal der Institution Kirche hat und derer nicht angehören möchte, heißt das ja nicht, dass man keinen Glauben haben kann.

Paaren, welche eine christlich geprägte, aber frei gestaltete Trauung wünschen, rate ich, dass sie sich bei der Suche nach ihrem Redner bzw. ihrer Rednerin an deren Vorgeschichte orientieren und sich eine(n) theologisch versierten Dienstleister*in aussuchen.

Ich Folgenden möchte ich euch all die Besonderheiten und Details vorstellen, die eine freie Trauung ausmachen. Im Besonderen widmet sich dieses Buch dem Thema LGBTIQ Hochzeiten und soll dem ein oder anderen Paar eine bunte Ideensammlung für ihre einmalige und besondere Regenbogenhochzeit an die Hand geben.

2. DAS RECHT AUF GLEICHHEIT

Wo die Liebe hinfällt, da soll sie sein und ihre Wirkung zeigen dürfen. Liebe ist ein Gefühl, welches nicht nach Geschlecht, Ansinnen oder Identitätszugehörigkeit fragt. Liebe ist einfach. Liebe sieht den Menschen als Wesen, welches geliebt, akzeptiert und angenommen werden mag.

Wenn wir wahrhaft lieben, dann ist es im Wesen des Menschen verankert dieser Liebe auch nach außen hin Ausdruck zu verschaffen. Zum einen möchten wir diese Liebe der geliebten Person vor allem zu Beginn ununterbrochen mitteilen. Wir sind stolz drauf, dass diese eine Person nun Teil des eigenen Lebens ist und dass meine Liebe frei zu ihr strömen darf und auch zurückgeschenkt wird.

Wenn wir lieben, dann liegt unser Herz auf der Zunge und wir wollen es am liebsten laut herausschreien, wen wir lieben und wem unser Herz nun gehört.

Ein Zeichen dies auch offiziell und öffentlich zu bekunden liegt in der Feier der Hochzeit. Dieser offizielle Akt, vor allem der standesamtliche Vollzug der Trauung, festigt auch im rechtlichen Sinne die Liebesverbindung zweier Menschen.

Lange genug hat es gedauert bist dieser rechtliche Schritt auch Einzug bei gleichgeschlechtlich liebenden Paaren halten durfte und damit ein Zeichen gegen Diskriminierung und Akzeptanz gesetzt wurde. Am 01.08.2001 trat in Deutschland nach langem Ringen das Lebenspartnerschaftsgesetz in Kraft (LPartG). Seit dem 01.10.2017 können gleichgeschlechtlich Liebende offiziell standesamtlich heiraten, und ebenso bei einigen wenigen kirchlichen Institutionen.

Gerade der standesamtliche Vollzug der gleichgeschlechtlichen Ehe ist das längst überfällige notwenige und sichtbare Zeichen von Gleichheit, Anerkennung und Toleranz nach außen.

Zwei Menschen übernehmen Verantwortung füreinander. Sie wollen zusammen durchs Leben gehen und je nachdem, was das Leben für Sie bereithält, werden sie sich gegenseitig unterstützen, werden als Eltern Verantwortung übernehmen und wie jeder andere auch, ihren Teil in der Gesellschaft beitragen.

Sie sind aufgefordert ihre Pflichten innerhalb einer sozialen Gesellschaft und Demokratie zu erfüllen und somit ist es doch gerechtfertigt, wenn ihnen auch die gleichen Rechte eingeräumt werden.

Wenn auch in vielen Köpfen diese Botschaft noch nicht angekommen ist, so steht sie nun aber auf rechtlichen Grundlagen feste verankert.

Gott sei Dank ist staatliches von kirchlichem Recht getrennt. Denn allen voran beharrt die katholische Kirche in ihrer engstirnigen und lebens- und liebensfremden Ansichten nach wie vor auf anderen Standpunkten.

Wie kirchliche Institutionen ganz unterschiedlich damit umgehen soll im folgenden Kapitel ein wenig umrissen werden.

3. KIRCHLICHE INSTITUTIONEN UND DIE LIEBE (EHE)

Nachfolgend soll ein kleiner Einblick in die aktuellen Ansichten der großen christlichen Glaubensinstitutionen erfolgen. Da ich selbst vor meinem Outing auf dem Weg zum Priester katholische Theologie studiert habe und hier jahrelang diese Ansichten gelehrt bekommen habe, beginne ich mit der katholischen Kirche und ihrer Meinung und Ausrichtung hinsichtlich der Ehe für Schwule und Lesben.

Kurzgesagt lehnt die *katholische Kirche* rigoros die Möglichkeit einer gleichgeschlechtlichen Hochzeit und damit Ehe ab. Die Ehe ist nach katholischem Verständnis Mann und Frau vorbehalten und dient allem voran der Zeugung von Nachkommen.

Um dem Ganzen noch die Krone aufzusetzen verwehrt die katholische Kirche gleichgeschlechtlich Liebenden sogar den Segenszuspruch. Paradox, wenn man bedenkt, dass sie aber Motorräder, Gebäude, Autos und andere leblose Gegenstände segnet. Bis zum zweiten vatikanischen Konzil wurden sogar Waffen gesegnet. Menschen, die sich lieben aber nicht!

Weiter paradox, wenn man berücksichtigt, dass sie selbst sagt, Gott ist Liebe und die Liebe kommt von Gott. Wenn zwei Menschen sich lieben ist diese Liebe also von Gott begründet. Im Namen Gottes segnet sie aber nicht, wenn es nicht Mann und Frau sind, die sich lieben.

Dass diese Ansichten innerhalb der katholischen Altherren-Riege nach wie vor fester Bestandteil sind, zeigte sich 2021, als es wieder um das Thema Segnung homosexueller Paare ging und sich der Vatikan erneut dagegen ausgesprochen hat.

Zahlreiche Priester gingen diesmal in Konfrontation mit Rom und setzten sich dieser Vorgaben entgegen.

So kam es Öffentlichkeitswirksam zu Segnungen und damit zum sichtbaren Widerspruch aus den Reihen von Gottes Bodenpersonal.

Letztendlich wird auch dies wieder verpuffen, solange nur aus den Reihen einzelner europäischer Länder sich Pfarrer dagegen aussprechen, andere Länder sich jedoch mit der katholischen Meinung solidarisieren und diesen Standpunkt aufrechterhalten.

Das Thema Homosexualität und katholische Kirche ist ja an sich ein nie endendes Thema. Verurteilung, Ausgrenzung und Intoleranz prägen die kirchliche Geschichte im Zusammenhang mit Homosexualität. Und dies, obwohl mindestens 50% aus den eigenen Reihen der Theologen, Priester und Priesteramtskandidaten schwul sind und dies oft heimlich ausleben.

Auch die kirchlichen Aussagen *man müsse homosexuellen Menschen mit Toleranz und Respekt begegnen* nehmen dem Ganzen nicht den faden Beigeschmack von Unnatürlichkeit und Diskriminierung, welcher unweigerlich mitschwingt.

Wen es interessiert, wie es hinter den kirchlichen Mauern zugeht, dem empfehle ich mein Buch:

Bühling, D. & Englmann, F. (2017). *Das 11. Gebot: Du sollst nicht darüber sprechen: Dunkle Wahrheiten über das Priesterseminar*. Riva. ISBN: 9783742304155

Was das Thema gleichgeschlechtliche Ehe innerhalb der *evangelischen Kirche* anbelangt ist diese innerhalb ihrer Reihen und Ansichten selbst gespalten. Manche Landeskirchen führen Segnungen gleichgeschlechtlicher Paare durch, andere wiederum verweigern diese und wiederum andere erlauben Trauungen.

Einige wenige Landeskirchen verbieten, dass Segnungen öffentlich stattfinden dürfen oder sie fordern, dass diese nicht einem gewöhnlichen Trauungsgottesdienst ähneln dürfen.

Es ist also landesweit nicht einheitlich geregelt und generell gilt, dass kein evangelischer Pfarrer oder keine evangelische Pfarrerin gezwungen werden kann, eine gleichgeschlechtliche Segnung oder Trauung durchzuführen.

Innerhalb der *altkatholischen Kirche* in Deutschland werden homosexuelle Paare in einem öffentlichen Gottesdient gesegnet.

Eine gleichgeschlechtliche Ehe in herkömmlichem Sinne gibt es auch hier nicht. Generell ist die Haltung der altkatholischen Kirche zum Thema Homosexualität aber offener als in der katholischen. Hier können sogar offen schwul lebenden Männer und Frauen Pfarrer oder Pfarrerin werden.

In der altkatholischen Kirche der Schweiz, hier *christkatholische Kirche* genannt, ist die Trauung homosexueller Ehepaare seit August 2020 offiziell erlaubt.

Innerhalb des *Buddhismus* sind Segnungen gleichgeschlechtlicher Paare möglich. Da im Buddhismus die Ehe anders als in christlichen Religionen kein Sakrament darstellt, sondern generell alle Hochzeiten einer Segnung gleichen, kann man deuten, dass kein Unterschied zwischen Geschlechtern gemacht wird. Homosexualität wird innerhalb des Buddhismus sehr gelassen gesehen. Die allermeisten akzeptieren die gleichgeschlechtliche Liebe auch aus dem Aspekt der Wiedergeburt heraus.

Viele Buddhisten glauben, dass es vor allem die Seelen zweier Menschen sind, die sich lieben und dass sich diese durch Wiedergeburt im anderen Geschlecht erneut ineinander verlieben können. Demnach kann es auf diesem Weg auch zu einer gleichgeschlechtlichen Liebe kommen.

Einige christliche Kirchen gingen in den letzten Jahren dazu über, reguläre Trauungen gleichgeschlechtlicher Paare kirchenrechtlich zu ermöglichen. Hierbei gibt es keine Unterscheidung mehr zwischen hetero- und homosexuellen verheirateten Paaren.

Dazu gehört im Ausland unter anderem die *anglikanische oder evangelisch-lutherische Kirche von Kanada* oder *Church of Scotland.*

Innerhalb Deutschlands öffnen sich vor allem die evangelisch geprägten Kirchen, wie die *evangelische Landeskirche in Baden oder die evangelische Kirche im Rheinland.*

Egal ob kirchlich oder frei getraut, rechtswirksam wird die Ehe immer nur durch die standesamtliche Trauung.

Wer also nicht absolut Wert darauf legt, dass seine Heirat christlich oder andersgläubig auch kirchenrechtlich verankert ist, dem stehen ohnehin die Türen einer freien Trauung weit offen. Neben der Möglichkeit diese auf Wunsch hin auch in gläubigem Sinne zu feiern, ergeben sich dabei noch ganz andere Freiheiten.

4. (M)EINE THEOLOGIE DER LIEBE

Liebe ist einfach. Sie fragt nicht und kündigt sich nicht an. Liebe ist ein Gefühl, welches sich dem Menschen als Ganzes annimmt. Sie liebt den Menschen, seine Seele, sein Sein, seine Existenz.

Wenn Gott die Liebe ist, wie kann dann ein Mensch es wagen sie zu verurteilen?

Wie kann eine Kirche es wagen, im Namen Gottes seinen Segen zu verwehren, wenn das, was gesegnet werden soll, vom dem kommt, der wirklich segnet und der doch die Liebe ist?

Der Liebe ist es egal welches Geschlecht hinter der Seele steckt, die sie von Herzen begehrt und liebt. Es ist ihr egal, welche Hautfarbe oder welcher Herkunft der Mensch ist, in dem die zu liebende Seele wohnt.

Gott, als Assoziation der Liebe, der selbst absolute Liebe ist und der sie schenkt, der Liebe zwischen zwei Seelen gründet, kann aus seiner liebenden Existenz nicht anders handeln.

Wie soll ein Mensch sich dann seiner Liebe und der Liebe zu einem anderen Menschen entziehen können?

Was Gott zusammengefügt hat, darf der Mensch nicht trennen. Was ist es für eine Theologie so mancher Kirche, die dem entgegensteht? Die sich anmaßt zu sagen, eine Liebe zwischen zwei Männern oder zwei Frauen sei wider die Natur! Einer Natur und Schöpfung die, wie sie selbst sagt, von Gott kommt.

Meine Theologie der Liebe ist kurz und bündig. Sie braucht keine Lehrbücher oder seitenweise Abhandlungen, die sich anmaßt zu wissen, was Gott dazu sagt oder meint.

Sie kommt aus dem, was der Mensch ist und was er aus Nächsten-Liebe anderen schenken kann.

Kurz und knapp: Liebe ist göttlich, sie lässt sich nicht wegsperren oder vorschreiben wohin sie fließt.

Und: Sie zeigt sich wie sie ist - in bunter und großer Vielfalt!

LIEBE liebt wen SIE mag!

5. VORBEREITUNGEN

Wenn sich ein Paar eine freie Trauung wünscht, gehört die Buchung eines Redners oder einer Rednerin mit zur ersten Tätigkeit rund um die zu planende Hochzeit. Die Buchung sollte zeitgleich mit der Buchung der Örtlichkeit erfolgen, um damit euren Wunschtermin fix zu machen. Alle anderen Dienstleistungen wie Musik und Fotografie folgen später.

Je nach Größe der Hochzeit sollte sich das Paar mindestens ein Jahr im Vorfeld, besser noch früher, um einen Termin bemühen. Vor allem, wenn es sich um einmalige Wunschtermine wie z.B. 11.11. oder 06.06. handelt, weil die Nachfrage für solche Daten sehr hoch ist. Generell gilt vor allem in den Sommermonaten:

Fester Wunschtermin? Rechtzeitig Termin sichern!

Hinsichtlich der freien Trauung selbst muss das Paar keine eigenen Vorbereitungen treffen. Es kann sich im Vorfeld natürlich überlegen, was ihnen für die Zeremonie wichtig ist oder welche Musik gespielt werden soll. Generell beantworten sich diese Fragen aber ohnehin in den gemeinsamen Vorbereitungsgesprächen. Auch was Rituale usw. betrifft, sollte ein guter Redner/eine gute Rednerin dem Paar alles vorstellen und anhand von Beispielen aufzeigen können, was möglich ist. Natürlich kann sich jeder im Vorfeld auch online schon mal umsehen, was dort an Ideen, Hinweisen und Beispielen zu finden ist. Von der Sicherung des Termins abgesehen gilt hinsichtlich der Vorbereitungen zur freien Trauung: Einfach kommen, erzählen und austauschen und den Rest den/die Trauredner*in machen lassen. Dazu habt ihr ihn/sie ja!

6. DIENSTLEISTUNG VON REDNER*INNEN

Egal ob Pfarrer*in, freie(r) Theolog*in oder selbsternannte(r) Redner*in – es handelt sich immer um ein Dienstleistungsangebot, das ein Paar in Anspruch nimmt. Die Ambitionen, die ein(e) Dienstleister*in an seine/ihre Dienstleistung hat, variieren sehr stark.

Der Anspruch eines Pfarrers oder Pfarrerin, welche(r) meist nach kirchlicher und traditioneller Vorgabe traut und seinen/ihren Lebensunterhalt auch ohne diese Trauung erhält, ist ein anderer als der des freien Redners oder freien Rednerin, der bzw. die auf die Honorare der Paare, die zu ihm/ihr kommen, angewiesen ist.

Er/Sie muss sich durch sein/ihr Tun und Können abheben von anderen, um als Dienstleister*in konkurrenzfähig zu bleiben. Für freie Redner*innen zählt die gute Werbung, welche durch glückliche und zufriedene Paare zustande kommt. Eine freie Trauung lebt daher von Persönlichkeit und Empathie. Die beste und effektivste Werbung für eine solche Dienstleistung ist die der Empfehlung.

Die meisten meiner Paare kommen nicht über Social Media oder Online-Werbung, sondern über Paare oder deren Gäste, die mich live erlebt haben und dadurch wissen, dass sie hier eine Dienstleistung erhalten, die ihr Geld wert ist und auch das verspricht, was eine freie Trauung ausmachen soll.

Wer also auf der Suche nach einem/einer freien Trauredner*in ist, tut gut daran zuerst im Freundes- oder Bekanntenkreis nach persönlichen Erfahrungen zu fragen.

Auch ist der Anspruch eines/einer wirklich guten Trauredners/Traurednerin an sich selbst daran orientiert, dass er/sie ein Honorar in Anspruch nimmt in dessen Gegenzug seine Auftraggeber*innen auch etwas erhalten, dass diesem Wert entspricht.

Wer eine freie Trauung zu billig bucht, muss damit rechnen, dass seine Erwartungen eher gedämpft werden. Im

Umkehrschluss sollte der/die hochpreisige Redner*in einige Highlights bieten, die seinen/ihren Preis rechtfertigen.

Im Internet findet man heute Redner*innen in einer Preisspanne zwischen 200 € und 2500 €. Die Berufsbezeichnung „Redner*in" ist weder geschützt, noch an Voraussetzungen geknüpft. Folglich unterscheiden sich Vorerfahrung und Ausbildung der Anbieter*innen stark. Von Hausfrauen/Männern, die sich ein Zubrot verdienen möchten, bis zum ausgebildeten Homiletiker*in (Prediger*in) und Berufsrhetoriker*in sind Angebote zur Traurede zu finden.

Jede(r) hat das Recht und die Freiheit seinen/ihren Dienst anzubieten. Der Kunde/die Kundin muss sich zuvor klarwerden, welchen Anspruch er/sie hat und welche Qualität er/sie erwarten möchte.

Eine gute Orientierung lässt sich in der Vita des/der Dienstleisters*in finden. Daraus ist meist z.B. eine Qualifikation als Sprecher*in ersichtlich. Im Zweifel unverbindlich anfragen und sich in einem persönlichen Telefonat oder Treffen selbst ein erstes Bild machen. Ein(e) seriöse(r) Anbieter*in sollte immer bereit sein, sich unentgeltlich Zeit für ein Kennenlernen zu nehmen.

Institutionen wie die IHK bieten mittlerweile Redner*Innen Ausbildungen an, die z.B. eine professionelle Ausbildung attestieren. Derartige Unterscheidungsmerkmale helfen, die Kenntnisse des/der Anbieter/Anbieterin im Bereich der freien Trauung einzuschätzen.

Hinsichtlich der großen Preisspannen kann man nicht pauschal sagen, wer sein Geld wert ist. Viele Faktoren spielen hierbei eine Rolle.

In Großstädten sind Dienstleistungen häufig teurer als auf dem Land. Die Ausbildung des/der Redners/Rednerin sollte

Berücksichtigung finden, ebenso welche Inhalte seine/ihre Pakete enthalten und ob er/sie mehr anbietet als seine Kollegen*innen.

Um sich ein Bild der preislichen Größenordnung machen zu können nenne ich meinen Paaren folgenden Richtwert. Bei einer komplett ausgearbeiteten Zeremonie mit Vorgesprächen, Begleitung und Hilfestellung bis zur Trauung, Ausarbeitung der Texte und Durchführung der Zeremonie kommen bei mir gut 10 Stunden Arbeitsaufwand zusammen.

Je nach Stundensatz ist alles zwischen 600€ und 1000€ meiner Ansicht nach gerechtfertigt. Wie gesagt, dies kann nur ein Richtwert sein. Es gibt Redner*innen, die bieten unterschiedliche Pakete an, wie standardisierte Zeremonien, in denen z.B. nur die Paar-Rede individuell ist. Oder die Dauer der Zeremonie ist auf 30 Minuten begrenzt. Andere bieten in ihren Paketen z.B. noch Musiker*in oder Fotograf*in mit an.

Je nach Angebot kann der Preis daher schon mal variieren zwischen 300 € und 1500 €. Am besten auch hier vergleichen, was die einzelnen Angebote alles enthalten.

Meiner Ansicht nach ist ein persönliches Kennenlernen vor Vertragsabschluss, soweit es die räumliche Distanz zulässt, immer vorteilhaft für beide Parteien. Ich sage immer, ich möchte am Tag der Hochzeit nicht der Fremde sein, der kurz kommt, seinen Dienst tut und wieder geht.

Ich finde, gerade wenn man den schönsten Tag auch zum individuellsten machen mag, dann möchte ich das Paar auch kennen lernen, was dann später in der ganzen Zeremonie auch spürbar wird. Je besser man das Paar kennen lernen kann und sich austauscht, desto mehr wird die Hochzeit zu ihrer Hochzeit.

Umgekehrt ist es für das Paar auch wichtig zu wissen, ob die Chemie zwischen ihnen und dem/der Redner*in passt. Kann man sich „nicht riechen", ist es wie bei allen anderen Begegnungen im Leben auch, es macht sich im Umgang und später auch in der Zeremonie bemerkbar, sei es auch nur unbewusst.

Wenn möglich lade ich meine Paare (gern auch mit den Trauzeugen*innen) für ein erstes Kennenlernen zu Kaffee und Kuchen ein. Es soll ungezwungen sein und dieser erste Kontakt entscheidet dann über alles Weitere.

Passt die Chemie und das Paar entscheidet sich meine Dienste zu buchen, dann geht's ans planen und erörtern.

Wünsche, Anliegen und natürlich die gemeinsame Geschichte der Beiden spielen eine Rolle. Alles Weitere ergibt sich dann auch im Gehen des gemeinsamen Weges bis zu ihrem großen Tag. Meine Paare stehen in engem Kontakt mit mir z.B. über die unterschiedlichen Messenger-Dienste. Kurze Wege für spontane Anliegen oder Fragen sind für alle hilfreich.

Für beide Seiten kann auch ein Dienstleistungsvertrag wichtig sein. Denn was passiert z.B. wenn der/die Redner*in durch Krankheit oder anderweitigen Ausfall an diesem Tag nicht erscheinen kann? Dann steht das Paar alleine da? Was, wenn das Paar sich einen Tag vor der Hochzeit trennt oder die Hochzeit abgesagt werden muss?

Für Fälle wie die gerade beschriebenen regelt ein Dienstleistungsvertrag die Abwicklung im Interesse beider Parteien. Auf den folgenden Seiten möchte ich euch an einem Beispiel zeigen, wie ein solcher Vertrag in etwa aussehen kann.

BEISPIEL - DIENSTLEISTUNGSVERTRAG

für die Durchführung einer freien Zeremonie

ZWISCHEN _____

[im Folgenden Dienstleister*in genannt]

UND _____

Auftraggeber*in (Name, Adresse: Straße, PLZ, Ort, Festnetz / Mobil, Emailadresse)

[im Folgenden Auftraggeber*in genannt]

wird vereinbart:

1. Der/die Dienstleister*in verpflichtet sich, für die Auftraggeber*in die vereinbarte Zeremonie vorzubereiten und diese am (Datum)_____(Ort)_____um_____ Uhr durchzuführen.

2. Die Auftraggeber*in verpflichten sich zur Zahlung der Honorare. Diese sind:

a) das Pauschalhonorar für folgende Dienstleistung:

○ Freie Trauung   _____€

○ Geburt & Beginn   _____€

○ Bestattung   _____€

○ zzgl. 19 % Umsatzsteuer

○ Gemäß § 19 UStG Kleinunternehmerregelung wird keine Umsatzsteuer auf den Gesamtbetrag aufgeschlagen

b) zzgl. eine km Pauschaule von ......€/km.

Mit der verbindlichen Terminbuchung wird eine Anzahlung in Höhe von ___ % des Honorars fällig. Damit gilt der Dienstleistungsvertrag als geschlossen und der Termin als fix. Die verbleibenden ___ % werden nach Durchführung der Zeremonie fällig. Hierfür, wie auch für die Anzahlung, erhält der/die Auftraggeber*in vom/von der Dienstleister*in eine Rechnung.

3. Vertragskündigung bzw. Vertragsrücktritt

3.1. Bei Vertragskündigung bzw. Vertragsrücktritt durch die Auftraggeber*in:

3.1.1. Bis ___ Wochen vor dem vereinbarten Termin für die Zeremonie wird nur die geleistete Anzahlung vom/von der Dienstleister*in einbehalten.

3.1.2. Danach, d.h. bei einer Vertrags-Kündigung bzw. einem Vertrags-Rücktritt mit weniger als ___ Tagen vor dem vereinbarten Termin der Zeremonie, werden insgesamt ___ % des (Brutto-) Gesamtwertes fällig.

3.2. Sollte der/die Dienstleister*in aus nicht vorhersehbaren Gründen (z.B. Krankheit o.ä.) verhindert sein, so liegt es in der Verantwortung des/der Dienstleiters*in eine(n) Kollegen*in mit der Durchführung des Auftrags, bzw. der Durchführung der Zeremonie zu beauftragen.

Hierdurch entstehen dem/der Auftraggeber*in keine Mehrkosten.

4. Der/die Dienstleister*in haftet nicht für Ausfall oder Schäden, die auf höherer Gewalt oder Umständen beruhen, die vom/von der Dienstleister*in nicht zu vertreten sind.

5. Die Auftraggeber*innen haften füreinander, sodass gegebenenfalls die Zahlung des Gesamtbetrags des Auftrags von nur einer Partei der Auftraggeber*innen zu erbringen ist.

6. Die Kosten bzw. Honorare von anderen bzw. weiteren Dienstleistern*innen fallen unabhängig an und sind an diese zu bezahlen (z.B. Honorar für Musiker*in, Raummiete, etc.).

7. Bei freien Trauungen:

Alle Vertragspartner*innen wissen, dass eine freie Trauungszeremonie die standesamtliche Eheschließung nicht ersetzt.

Tag und Ort der Standesamtlichen Trauung _____

_____   _____

Ort, Datum   Ort, Datum

_____   _____

Unterschrift Auftraggeber*in Unterschrift Dienstleister*in

7. DAS PAAR IM MITTELPUNKT

Bei jeder Trauung, gleich ob standesamtlich, kirchlich oder frei steht das Paar im Mittelpunkt, zumal es ihr großer Tag ist, an dem sie sich das gegenseitige Ja-Wort geben.

Dienstleister*innen der Hochzeitsbranche, die das Paar nicht in den Mittelpunkt aller Planungen und Ausführungen nehmen, gehen meiner Meinung nach den falschen Weg. Ich sage meinen Paaren immer, dass ihre Trauung so werden soll, wie sie es sich wünschen und ich alles dazu beitrage, um ihre Trauung einmalig und in ihrem Sinne zu gestalten.

Dies sollte für alle Beteiligten einer Hochzeitsfeier gelten, egal ob Musiker*in, Caterer*in, Fotograf*in und sogar die Gäste. Ganz dem unausgesprochenen Gebot nach, dass die/der Trauzeuge*in niemals in einem weißen Hochzeitskleid bzw. im selben Anzug wie die Paare ihren Dienst verrichten würden.

Dass das Paar den Mittelpunkt einer Trauung einnimmt, wird auch im Äußeren sichtbar. Neben Hochzeitsanzug bzw. Hochzeitskleid schauen alle Augen auf das Paar, welches zentral im Blickfeld des ganzen Ereignisses steht.

Da die Örtlichkeiten bei einer freien Trauung variieren, sollte darauf auch bei der Platzierung des Paares und der Gäste, sowie des/der Redners*in geachtet werden.

Die klassische Sitzordnung bei einer kirchlichen Hochzeit sieht meist gleich aus. Der/die Pfarrer*in am Altar, davor, mit dem Rücken zu ihren Gästen, sitzt das Hochzeitspaar. Viele Paare übernehmen diese Sitzordnung auch gerne für ihre freie Trauung.

Je nach Kulisse bietet sich damit für das Paar wie auch für die Gäste ein herrlicher Ausblick, etwa bei einem Blick ins Tal von einer Alm herab oder auf das Wasser eines Sees.

Nicht außer Acht zu lassen: eine Trauung lebt von Emotionen. Von den Emotionen des Paares genauso wie von den Emotionen der Gäste. Beide bedingen sich gegenseitig und werden zu einem großen Ereignis.

Viele Paare äußern den Wunsch, ihre Gäste auch während der Zeremonie sehen zu können. In diesem Fall ist es bei einer freien Trauung problemlos möglich, das Paar einfach mit Blickrichtung direkt zu den Gästen oder leicht schräg versetzt zu platzieren. Der/die Redner*in stellt sich dann ebenso versetzt auf, so dass diese(r) das Hochzeitspaar, sowie auch die Gäste, direkt ansprechen kann.

Ganz gleich welche Sitzordnung angestrebt wird, das Paar sollte von allen gesehen werden und im Mittelpunkt des Geschehens stehen.

8 . INDIVIDUALITÄT

Nicht nur körperlich steht das Paar im Mittelpunkt des Tages. Der Tag ist beiden gewidmet, was ihre gemeinsame Geschichte vom ersten Kennenlernen bis zum heutigen Tag der Trauung einbindet. Und auch ein Ausblick auf die Zukunft als Paar, verbunden mit ihren Wünschen, gemeinsamen Zielen und Träumen, macht die Zeremonie zu einem individuellen Ereignis.

Anders als bei einer kirchlichen Trauung, bei der Gott und das Thema der Treue meist im Mittelpunkt stehen, orientiert sich die freie Trauung, an der gemeinsamen Biographie des Paares in Vergangenheit und Zukunft.

Doch nicht nur die biographischen Daten helfen eine Trauung individuell zu gestalten. Ein guter Redner oder eine gute Rednerin kann auch aus vermeintlichen Nebensätzen heraushören, was das Paar ausmacht.

Je unbefangener, herzlicher und offener das Gespräch mit dem Paar ist und je besser sich Paar und Redner*in verstehen, desto persönlicher und individueller wird die ganze Trauungszeremonie. Hier verdeutlicht sich auch, warum ich zu Beginn dieses Buches schrieb, dass die Chemie zwischen beiden Parteien passen muss.

Allen Paaren, die auf der Suche nach „ihrem" Redner oder „ihrer" Rednerin sind, rate ich:

Hört auf eure innere Stimme.

Wenn sich im zwischenmenschlichen Bereich etwas nicht stimmig anfühlt, sucht lieber weiter. Der oder die Richtige findet sich.

Nun aber zurück zur Frage, welche Hintergründe der Vita eine freie Trauung zum individuellen Ereignis machen.

Viele Paare haben bspw. ein Hochzeitsmotto, welches oft schon auf den Einladungen an ihre Liebsten angekündigt wird. Dies spiegelt schon ein gemeinsames Ansinnen wieder, welches im Leben des Paares eine Rolle spielt, denn sonst hätten sie dieses nicht ausgesucht.

Genauso verhält es sich mit der Musik, welche sich das Paar wünscht und aussucht. Die Texte der Stücke beziehen sich oft inhaltlich auf das, was dem Paar aus dem Herzen spricht oder ihre Zukunftswünsche spiegelt. Hierin finden sich auch Anhaltspunkte für Musik, welche thematisch in die Zeremonie eingebunden werden kann und zur Individualität der Feier beitragen.

Ich stelle meinen Paaren frei, meine E-Mail oder Telefonnummer an ihre Trauzeug*innen weiter zu geben. Gerade Trauzeugen*innen haben oftmals wundervolle Ideen und Hinweise zum Paar, welche eine individuelle Rede und Zeremonie sehr bereichern können.

Oftmals möchten die Trauzeug*innen oder andere Familienmitglieder einen überraschenden Part während der Trauung übernehmen, und so dem Ganzen noch mehr Einzigartigkeit verleihen. Dies erfordert natürlich ein gehöriges Maß an Vertrauen, das man richtig gewählten Trauzeugen*innen aber zugestehen können muss.

Egal, welche Infos und „Verbündeten" der Redner*in zur Seite gestellt bekommt – ein(e) gute(r) und erfahrene(r) Redner*in wird immer die Einzigartigkeit des Paares zum Vorschein in der Zeremonie bringen. Auch sollte er/sie sich nicht scheuen, dem Paar auf Wunsch bisherige Zeremonien zu präsentieren und aus dem Stehgreif zu jedem seiner/ihrer Paare und deren Trauung etwas erzählen können.

Der Schwerpunkt einer freien Trauung muss sich den Wünschen und Eigenheiten des Paares fügen und dies sollte beim Hochzeitspaar und den Gästen auch spürbar ankommen. *Individuality wins!*

9. ORT UND ZEIT DER TRAUUNG

Wie bei allen Aspekten einer freien Trauung unterliegt auch die Ortswahl der Freiheit des Paares!

Es bestimmt den Ort und die Zeit ihrer Hochzeit, egal ob auf einer Burg unter nächtlichem Sternenhimmel, im Heißluftballon bei Sonnenaufgang, auf dem Schiff bei Sonnenuntergang, einer Insel zur Mittagszeit, einem Berggipfel im Tiefschnee oder im heimischen Garten am Abend.

Gespielt wird, was, wann und wo es gefällt! Und dennoch gibt es einige Dinge bei einer freien Trauung zu bedenken.

Einen besonderen Reiz kann die Durchführung inmitten der Natur darstellen. Und ich muss sagen, unter freiem Himmel habe ich die schönsten Trauungen erlebt – sofern Wetter mitspielt. Keiner kann in die Zukunft blicken und so ist es ratsam einen Plan B hinsichtlich der Örtlichkeit zu haben.

Die meisten großen Hochzeitslocations haben sowohl ein traumhaftes Platzangebot unter freiem Himmel, als auch die Möglichkeit kurzfristig in Innenräume ausweichen zu können. Paare sollten also bei der Planung immer beide Möglichkeiten vorhalten, um nicht letztendlich sprichwörtlich im Regen zu stehen. Wer keine Auswahlmöglichkeit hat, sollte zumindest mit Partyzelten oder Pavillons vorsorgen. Das Wetter ist bei einer freien Trauung unter freiem Himmel immer das größte Risiko.

Doch auch bei strahlendem Sonnenschein gibt es einiges zu bedenken. Je nach Planung dauert eine freie Zeremonie in der Regel zwischen 40 und 60 Minuten. Eine lange Zeit, wenn man als Paar oder Gast in der prallen Sonne sitzt.

Natürlicher Schattenwurf durch Bäume oder Gebäude sind eine bequeme Alternative zum Aufwand künstlicher Beschattung. Leider verfügen aber nicht alle traumhaften Hochzeitsorte über natürliche Schattenspender, so dass man vorsorgen sollte.

Pavillons, Sonnenschirme oder Partyzelte bieten dem Paar und den Gästen Schutz. Wer eine bewirtete Location bucht, sollte im Vorfeld abklären, was dort bereits zur Verfügung gestellt werden kann.

Ist kein Sonnenschutz für die Gäste installierbar, werden gerne kleine Sonnenschirme zur Verfügung gestellt, die gleichzeitig als attraktives Gastgeschenk dienen.

Im Sommer kann es zwar trocken, aber auch kühl sein. Findet die Feier dann dennoch im Freien statt, sind Gäste für warme Decken dankbar und verhindern eine unangenehme Erinnerung an diesen Festtag.

Zeitlich finden die meisten freien Trauungen am Nachmittag statt. Oftmals findet sich ein kleiner Kreis zuvor zur standesamtlichen Trauung ein, sofern diese nicht schon am Vortag stattfand oder noch länger zurückliegt.

Wer mit einer großen Schar an Gästen feiert, ist mit einer nachmittäglichen Zeremonie immer gut aufgestellt. Die Gäste und das Paar können stressfrei eintreffen, sind bis dahin wirklich ausgeschlafen und der zeitliche Tagesablauf zieht sich im Vergleich zur frühmorgendlichen Zeremonie nicht in die Länge.

Die meisten Paare beginnen mit der freien Trauung und gehen dann über zu Party und ausgelassenem Beisammensein mit Speis und Trank.

Auch hier gibt es keine festen Regeln. Ich begleitete schon Hochzeiten, die mit Umtrunk und kleinen Häppchen oder mit Kaffee und Kuchen begannen, gefolgt von der Zeremonie und anschließendem gemütlichen Abendteil.

Oder eine Trauung, bei der es dem Paar wichtig war um Punkt 00:00 Uhr ihr JA zu sprechen. In diesem Fall ging dann natürlich das Hochzeitsessen voraus.

Sollte ein Ortswechsel gewünscht sein, die Trauung selbst also an einem separaten Ort stattfinden, gibt es einiges zu bedenken – vor allem bei abgelegenen Plätzen.

Es sollten ausreichend Sitzmöglichkeiten vorhanden sein und diese müssen ja auch irgendwie dorthin und später auch wieder weg gelangen. Da die Gäste oftmals schon eine Stunde vor Beginn da sind und sicherlich auch ältere Generationen vertreten sind, sollten ausreichend Stühle oder Bänke vorhanden sein.

Gerade zur heißen Jahreszeit unabdingbar sind Getränke und evtl. kleine Snacks. Oftmals wegen der Aufregung kann es schon mal vorkommen, dass der Kreislauf des ein oder anderen verrücktspielt und da ist man froh dem Körper was zuführen zu können.

Thema Strom. Wer nicht direkt die Trauzeremonie an einer erschlossenen Location abhält, muss bedenken, dass Strom für evtl. Verstärker der Musiker*innen oder fürs Mikro des/der Redners*in benötigt wird. Trotz zunehmendem Akkubetrieb besteht eine starke Abhängigkeit von der Stromversorgung. Je nach Gästegröße ist im Vorfeld zu klären, ob die Akteure Mikros, besondere Hardwareausstattung oder eben überhaupt eine Stromversorgung benötigen.

Ebenso sollte die gute Erreichbarkeit der Location für alle Gäste gewährleistet werden. Eine freie Trauung auf einem Berggipfel ist etwas einmalig Schönes, doch sollten auch Teilnehmenden in ihrer jeweiligen körperlichen Verfassung die Möglichkeit haben, dort hinzugelangen.

Wer unter freiem Himmel feiert, sollte an nicht geladene Gäste denken, welche zur Plage werden können: Wo Natur ist, sind Tiere.

Vor dem Aufbau unter freiem Himmel sollte immer der Untergrund gesichtet werden. Ich erlebte eine Trauung, bei der während der Zeremonie ein Gästeblock in helle Aufregung geriet, nachdem auf einmal eine Armada an Ameisen deren Beine erkundet hat. Es tat der Feier letztlich keinen Abbruch und sorgte sogar für heitere Stimmung. Solchen Attacken kann man aber vorbeugen, in dem man die Sitzplätze der Gäste im Vorfeld inspiziert.

Und gerade im Sommer an Gewässern gibt es auch die fliegenden Angreifer in Form von Mücken. Die Gäste werden es danken, wenn in irgendeiner Form Mückenabwehr zur Verfügung steht.

Sollte die Hochzeitsgesellschaft auch keine ungebetenen Besucher auf zwei Beinen wünschen ist im Vorfeld gerade bei Hochzeiten auf öffentlichen Plätzen immer angeraten daran zu denken, dass solche Plätze gern auch von Fremden frequentiert werden. Der schöne Platz unterm Lindenbaum im Stadtpark ist auch für andere ein Anziehungspunkt, etwa Spaziergänger*innen oder feiernde Jugendliche.

Weiter gilt, ob öffentlich oder privat, immer die Erlaubnis der Ortsverantwortlichen vorab einzuholen. Nur so erlebt man garantiert keine unschönen Erlebnisse an seinem Hochzeitstag.

10. FREIE TRAUUNG IM KLASSISCHEN STIL

Die Möglichkeiten wie der Ablauf der freien Trauungszeremonie sein soll, orientieren sich immer an den Wünschen und Anregungen des Paares. Es gibt aber ein klassisches Modell, auf welches die meisten Paare zurückgreifen, da es dramaturgisch abwechslungsreich, und daher nicht langweilig oder einschläfernd wirkt.

Es orientiert sich in gewisser Weise am Ablauf einer klassischen Hochzeit, ist jedoch inhaltlich deutlich freier und lebhafter gestaltet.

01. Einzug des Paares

02. Begrüßung

03. Hinführung zum großen Tag ggf. mit Geschichte/Gedicht

04. Hochzeitspaarrede

05. Einführende Worte zur bevorstehenden Trauung

08. Thematisierung Ringe

09. Gegenseitiges Versprechen des Paares/Gelübde

10. Traufragen (Willst du?)

11. Ringtausch

12. Bestätigung als Frau & Frau bzw. Mann & Mann bzw. als Ehepaar

13. „Segensworte" und Schlusswort

14. Feierlicher Auszug des Ehepaares (mit Musik)

11. LGTBIQ-TRAUUNGEN

Wie kein Unterschied darin besteht, wer wen liebt und wer wen heiratet, so besteht auch eigentlich kein Unterschied zwischen einer freien Hochzeit zwischen Mann und Frau oder Frau und Frau oder Mann und Mann oder oder oder…

Mensch ist Mensch – Mensch liebt Mensch – Mensch heiratet Mensch!

Im Grunde und Kern geschieht bei einer jeden Hochzeit dasselbe: Zwei Menschen versprechen sich gegenseitig zusammen durchs Leben zu gehen und aufeinander zu achten. Sie sagen JA zueinander im Kreise ihrer Familien und aller Freunde.

Da dies aber ja doch relativ neu ist, bedingt durch die bisher gesellschaftliche und politische Lage, dass LGBTIQ-Hochzeiten nun auf offiziell einen anderen Stellenwert einnehmen und durch die Jahrhunderte zum Thema Hochzeit sich fast alles an Mann und Frau orientiert hat, gilt es in manchen Dingen umzudenken.

In den Köpfen stecken Worte wie Brautpaar oder Braustrauß, auf den Torten retteten sich Jahrzehntelang nur ein Männlein-Weiblein Paar aus dem Buttercremeozean oder es schallte einem zum Höhepunkt entgegen: Ihr seid jetzt Mann und Frau!

Der „Braut"-Strauß wurde nur den Damen der Hochzeitsgesellschaft entgegen geschleudert und der Tradition nach befand sich etwas altes, etwas geliehenes und blaues stets bei den Damen.

Warum das blaue Strumpfband nicht beim Herrn suchen? Warum nicht einen der beiden schwulen Ehemänner entführen und ihn vom anderen auslösen lassen?

Warum kann ein Mann nicht seinen Mann oder eine Frau ihre Frau über die Schwelle der Tür tragen?

Das Warum in all diesen Fragen hat sich zum Glück erübrigt. Aber in der Aufzählung wird ersichtlich, dass in einer gleichgeschlechtlichen Liebe und LGTBIQ Hochzeit so manches neu zu überdenken gilt.

Ein(e) Dienstleister*in der darin keine Erfahrung hat, wird sich zuerst schwertun bzw. steht er vor der Herausforderung seine Gehirnsynapsen neu auszurichten.

Es gibt aber heute auch zahlreiche Anbieter, die selbst der LGBTIQ-Gemeinschaft angehören und damit aus eigener Erfahrung wissen, worauf es ankommt und wo die Fettnäpfchen sich verbergen können.

Ich möchte keinem meiner „nicht-LGBTIQ" Kollegen/innen zu nahe treten dies nicht zu können. Jedoch ist es doch so, dass eigene Erfahrungen oder die eigene Lebens- und Liebesausrichtung doch ein kleiner Pluspunkt sein können.

Doch egal ob oder ob nicht aus den „eigenen Reihen" der beste Kompass bleibt wie bereits im Kapitel über Dienstleister*innen angeraten, die Empathie. Ein(e) Könner*in wird stets auf die Paare perfekt eingehen und alle Klippen gekonnt umschiffen.

Außer es handelt sich um eine(n) Dienstleister*in, der nur, weil es gerade „IN" ist auf den Zug aufspringt, weil es sich halt gut im Repertoire macht und daher sich selbst und seine sonst vielleicht eher diskriminierenden Ansichten zurückhält.

Thema: RAINBOW WASHING

Wer die letzten Monate aufmerksam war, hat sicher festgestellt, dass der Regenbogen oder andere Symbole der LGBTIQ Gemeinschaft, sowie LGBTIQ Paare uns überall in der Werbung oder von Plakaten her ins Auge springen. LGBTIQ ist in, wenn auch im Falle von Rainbow Washing sehr kritisch zu beäugen.

Viele Firmen wollen damit zeigen wie Tolerant und Offen sie mit dem Thema umgehen. Es geht ihnen darum aufzuzeigen, dass sie etwas für die soziale Gerechtigkeit tun, ohne aber wirklich dafür was zu tun.

Allem voran natürlich um die LGBTIQ Zielgruppe als Kunden zu halten oder dazu zu gewinnen ohne jedoch wirklich Queer-freundlich zu sein.

Im Zusammenhang mit Dienstleistern*innen der Hochzeitsbranche achtet einfach darauf, um was es dem/der Dienstleister*in wirklich geht.

Geht es ihm/ihr um euch als Paar?

Bietet er/sie euch Rabatte an um mit euch (eurer Hochzeit/Hochzeitsfotos usw.) explizit zu werben?

Wie geht er/sie generell mit dem Thema LGBTIQ um?

Werden Themen wie richtige Ansprache o.ä. verunglimpft (Bsp. Frauenpaar: Wer ist denn die Braut?/Männerpaar: Wer ist denn bei euch die Frau?)

*Betont der/die Dienstleister*in „wie besonders" eine „solche" Hochzeit doch ist?*

*Fragt explizit nach um heraus zu finden, ob der/die Dienstleister*in kompetente Ahnung zur Thematik hat?*

Damit könnt ihr schon mal gut herausfinden ob ihr an eine(n) wirklich queer-freundliche(n) Dienstleister*in geraten seid.

Wer von vornherein keine Überraschungen erleben möchte kann sich auch gleich auf queer-freundlichen Branchenbüchern umsehen. Dort findet ihr wirklich nur auf Queerfreundlichkeit geprüfte Dienstleister*innen der Hochzeitbranche.

Zu empfehlen ist hierzu bspw. das Branchenbuch *Quee´re in Love* unter folgender Adresse:

https://queereinlove.de/

Wie in Kapitel 8 Individualität geraten, hört generell aber einfach immer auf eure innere Stimme und Intuition. Dann findet sich auch der Dienstleistungsdeckel zu eurem Heiratstopf!

12. ANREDE DES PAARES

Bei der Anrede des Paares gibt es unterschiedliche Möglichkeiten, die aber nicht neu sind. Vielmehr gilt es darauf zu achten, dass die Ansprache gendergerecht passend ist und das Paar sich in der jeweiligen Ansprache wohl und angenommen fühlt.

Ich spreche meine Paare während der Zeremonie oftmals mit ihrem Vornamen an, vor allem, wenn es in der Rede um einzelne individuelle Aspekte geht.

Da es bei der Hochzeit aber um beide geht und der partnerschaftliche (Ehe-) Charakter deutlich an diesem Tag zum Ausdruck kommen soll, gibt es folgende Möglichkeiten der gemeinschaftlichen Ansprache:

Liebes Hochzeitspaar

Liebes Traupaar

Liebes Weddingpaar

Liebe Hochzeiter*innen (regional)

Liebes Ehepaar (nach dem Ja-Wort)

1 3 . D I E B U N T E W E L T D E R (R E G E N B O G E N -) R I T U A L E

Wie der Ring Symbolcharakter besitzt und der Ringtausch als Ritus zeichenhaft darstellt, was bei einer Heirat geschieht, so gibt es bei den freien Trauungen zahlreiche Rituale, welche alle auf unterschiedliche Art und Weise aufzeigen, was durch dieses große Ereignis im Leben zweier Menschen geschieht.

Viele davon sprechen in ihrer Durchführung eine eigene Sprache und bedürfen eigentlich keiner Worte. Dennoch liegen so viele unterschiedliche Facetten in einem jeden Ritus, dass die Bedeutung, individuell auch auf das einzelne Paar bezogen, in erklärenden Worten in der Zeremonie Anklang finden sollte.

Neben dem Symbolcharakter kommt den Ritualen auch noch ein banaler, aber für eine jede Hochzeit wichtiger Nebeneffekt hinzu: es gibt die wunderschönsten Fotos des Paares bei der gemeinsamen Durchführung der einzelnen Riten.

Im Folgenden möchte ich ein paar der gängigsten Rituale nennen. Im Internet finden sich in Hochzeitforen noch zahlreiche weitere. Grundlegend unterscheiden sie sich in zweierlei Weise: Rituale, welche nur das Hochzeitspaar betreffen und Rituale, die eine kleine Auswahl oder alle Gäste miteinbeziehen.

PAAR-REGENBOGEN-BANDRITUAL

Die Hochzeitsleute legen nach dem Ringtausch die Hände ineinander. Der Theologe/die Theologin bzw. Redner/in umwickelt die Hände mit einem breiten, regenbogenfarbenen Samtband und spricht einen Text.

Es symbolisiert die feste Zusammengehörigkeit der Eheleute. Dieser Ritus orientiert sich an der kirchlichen Praxis, bei der der/die Priester*in mit der Stola die Hände des Paares umwickelt, als zeichenhafte Darstellung der Verbundenheit unter Gottes Mantel und Schutz. Der Text, welchen ich dazu spreche, orientiert sich an den Eigenschaften eines Bandes in Anbetracht der Ehe. Es soll binden, aber nicht fesseln, soll wärmen, aber nicht verbrennen usw.

Die Symbolik des Regenbogens und deren Bedeutung innerhalb der LGBTIQ Gemeinschaft kann natürlich mit aufgegriffen und einbezogen werden. Je nach Wunsch des Paares und des Ideenreichtums des Redners bzw. der Rednerin gibt es hier zahlreiche erweiterbare Möglichkeiten.

REGENBOGENBANDRITUAL MIT GÄSTEN

Ein Regenbogenband wird durch die Reihen der Gäste gegeben. Vor dem Eheversprechen werden die Ringe auf das Band gezogen und können so von Gast zu Gast wandern. Jeder Gast hält sie kurz und spricht seinen Wunsch oder Segen für das Paar in die Ringe. Am Ende gelangen sie beim Hochzeitspaar an und enthalten symbolisch die Wünsche der Gäste.

Dieser Ritus eignet sich vor allem für eine kleine Anzahl von Gästen oder eine Auswahl aus der Gästeschar z.B. die engste Familie, etwa Eltern und

Geschwister. Bei einer Anzahl von ca. 30 Teilnehmern dauert dieser Ritus gut fünf Minuten. Instrumentale Musik locker das Ganze auf.

Bei einer kleinen Anzahl von Teilnehmenden von ca. zehn Personen können diese auch einen Kreis um das Brautpaar bilden, was wieder rum dem Symbolcharakter des Ringes mit einbezieht. Spaßhaft erwähne ich immer beim Ritus am Band, dass dies zeitgleich als Diebstahlschutz fungiert oder keiner die neuen Ringe gegen seine Alten austauschen kann, da dies durch das Band, auf dem die Ringe aufgefädelt sind, verhindert wird.

Anstatt des Bandes können die Ringe auch auf einem Ringkissen oder in einem Ringkästchen herumgereicht werden.

REGENBOGEN - SANDRITUAL

Das Regenbogen - Sandritual bietet eine wunderbare Möglichkeit um in der freien Trauzeremonie die Vereinigung des LGBTIQ Hochzeitspaares darzustellen.

Was dazu benötigt wird ist ein großes Glasgefäß (am besten verschließbar), zwei kleine Gefäße, verschiedenfarbiger bzw. bereits unterschiedlich gemischter Deko-Sand und ein bisschen Hintergrundmusik für die Untermalung des Rituals.

Die verschiedenen Farben des Sands symbolisieren jeweils einen der beiden Partner und dessen Individualität bzw. Buntheit. Beide lassen den Sand ihrer Farben im eigenen Tempo in einem weiteren Glas zusammenfließen. Dabei entsteht ein ganz individuelles einzigartiges Kunstwerk, das vom Zusammenspiel der Farben lebt und gleich einem Regenbogen bunt strahlt. Durch ihr Ja-Wort zueinander ist es wie mit dem Sand der sich mischt.

Aus zwei Individuen wird eine Gemeinschaft, die sich neu (und bunt) in der Gesellschaft zeigt. Wie die einzelnen Farben des Sandes erkennbar bleiben, so bleibt trotz der Verbindung auch ein(e) jede(r) der Partner*innen auch er/sie selbst und verschwindet nicht im anderen/in der anderen.

Dieses kleine Kunstwerk ist ein wunderbares Andenken, welches das Paar mit nach Hause nimmt und so immer wieder daran erinnert wird, dass auch in der Ehe die Kunst darin besteht, die ganz individuellen Eigenschaften beider Partner*innen geduldig ineinanderfließen und sich vermischen zu lassen – ohne sich selbst dabei aufzugeben!

BROT BRECHEN

Traditioneller Ritus aus dem Heidentum um ein neues Familienmitglied in der Familie willkommen zu heißen.

Jeweils ein Vertreter der zwei Familien, welche sich durch die Heirat quasi zu einer größeren Familie verbinden, kommt mit einem Tablett mit Brot und Wasser zum Brautpaar. Das Brot wird gebrochen und gegessen und es wird ein Schluck Wasser getrunken. Somit ist der/die jeweilige Partner*in nun Teil der Familie des anderen.

REGENBOGENKERZE MIT GEDICHT

Der wohl bekannteste Ritus. Die Trauzeug*innen bringen eine bunt gestaltete Kerze nach vorn und überreichen sie dem Hochzeitspaar. Dieses zündet sie gemeinsam an.

Im Anschluss verliest der/die Redner*in oder eine(r) der Zeug*innen oder Familienangehörigen ein Gedicht.

Ich empfehle diesen Ritus vor dem Ringtausch und dem Ja-Wort einzubauen. Die Kerze wird zunächst entzündet und brennt während des gegenseitigen Versprechens. Der Text zur Kerze folgt dann erst als zweiter Teil, wenn beide als Ehepaar ausgerufen werden.

Der Text ist dann darauf ausgelegt, die Kerzenflamme als Zeugin des Eheschlusses zu sehen bzw. auch, wenn gewünscht das Regenbogenthema mit aufzugreifen.

Die Eheleute werden ermutigt, die Kerze in guten wie in schlechten Zeiten, am Hochzeitstag, bei der Geburt eines Kindes und anderen Lebensereignissen wieder anzuzünden und sich an den Tag ihres Ja-Wortes erinnern.

Natürlich kann die Kerze auch unabhängig vom Regenbogenthema gestaltet werden bzw. andere Themen symbolisiert werden.

BÄUMCHEN PFLANZEN

Ein Bäumchen wird symbolisch während der Zeremonie gepflanzt oder in einem Topf bereitgestellt. Später kann dieses Bäumchen dann im heimischen Garten seinen Platz finden.

So wie das Bäumchen wächst, soll die Ehe wachsen und auch ggf. Früchte (Kinder) tragen. Hierzu kann man den Gästen auch im Vorfeld Kärtchen zukommen lassen, auf die sie ihre Wünsche für das Ehepaar schreiben. Während der Zeremonie oder im Laufe der Hochzeitsfeier hängen die Gäste ihre Wünsche an das Bäumchen und überreichen sie auf diese Weise. Thematisch zur LGBTIQ-Hochzeit einfach bunte Kärtchen und Bändchen verwenden!

KNOTEN KNÜPFEN

Für diesen Ritus benötigt man ein längeres Seil. Während der Zeremonie, meist in Verbindung mit dem Ja-Wort oder dem Ringtausch, knüpfen die beiden Hochzeiter*innen einen gemeinsamen Knoten an einem Ende des Seiles.

Symbolisch steht dieser Knoten für die neue Verbindung und Verknüpfung. Ein entsprechender Text deutet die Symbolik. Der Strick darf gerne zwei/drei oder mehr Meter lang sein, damit die Eheleute an jedem Hochzeitstag oder Ereignis in der Ehe einen weiteren Knoten hinzufügen können.

In abgewandelter Form kann ein jeder der Hochzeiter*innen ein eigenes Seil (gern auch in unterschiedlichen Farben oder Regebogenfarben) bereithalten. Dieses jeweilige Seil steht für einen der beiden. Diese beiden Seile werden dann von beiden zu einem zusammengeknotet. Dies deutet symbolisch auch, was durch das Ja-Wort geschehen ist. Eine neue, feste Verbindung wurde geknüpft.

Diese geknoteten Seile können dann z.B. auch anstatt des Bandes für das Paar-Regenbogen-Sandritual verwendet werden. Der Knoten-Ritus muss entsprechend dann natürlich vorher in die Zeremonie eingebunden werden.

14. DAS GEGENSEITIGE VERSPRECHEN
„JA, ICH WILL"

Weder bei der kirchlichen noch bei der freien Trauung ist es der/die Pfarrer*in oder Redner*in, der/die die beiden vereint. Immer ist es das Paar, welches sich gegenseitig zum/zur Ehepartner*in nimmt und sich somit gegenseitig verspricht.

Die Frage nach dem „Ja" gehört unweigerlich zu einer Hochzeit dazu. Ist es doch der Höhepunkt, der zentrale Satz, auf den alle gespannt warten. Folglich hatte ich in über 14 Jahren als freier Theologe und Redner noch kein Paar, welches diesen Part nicht in ihrer Zeremonie haben wollte.

Dem Ja-Wort voraus geht also meist die Frage nach dem Wollen, der Bereitschaft. Diese Frage kann in einer einfachen oder in einer gestaffelten Abfrage stehen.

Die einfache Abfrage kann z.B. lauten:

*Bist du hierhergekommen, um nach reiflicher Überlegung und aus freiem Entschluss mit deiner/deinem Partner*in (Name) den Bund der Ehe zu schließen?*

So antworte mit JA, ich will!

Die gestaffelte Abfrage kann zum Beispiel lauten:

*Bist du hierhergekommen, um nach reiflicher Überlegung und aus freiem Entschluss mit deiner/deinem Partner*in (Name) den Bund der Ehe zu schließen?*

So antworte mit JA, ich will!

Willst du deine Frau/deinen Mann lieben, achten und ehren und ihr/ihm die Treue halten, alle Tage eures Lebens, so antworte mit JA, ich will.

Willst du (Name des Partners) ein Stück des Weges mittragen, sollten schwere Zeiten es erforderlich machen, so antworte mit JA, ich will.

Ein Ersatz für die Frage oder Zusatz als Hinführung zur Willensbekundung, kann ein Gelübde der Partner*innen aneinander sein.

Dies sind meist persönliche Worte des/der einen an den/die andere(n), in denen die Willensbekundung klar zum Ausdruck kommt. Manche Paare wollen lieber die einfache Abfrage des/der Redners*in, da persönliche Worte, auch wenn aufgeschrieben und vorgelesen, sehr emotionale Reaktionen auslösen können. Dennoch sind persönliche Worte immer die schönere Möglichkeit, auch gerade weil dabei sehr viele Emotionen zur Vorschein kommen und schließlich ist es die größte Emotion der Liebe, die ein Paar zu diesem Ereignis zusammengeführt hat.

Das jeweilige Gelübde kann nacheinander von beiden Ehepartnern*innen gesprochen werden. Dabei bleibt das Versprechen für den/die Partner*in bis zu diesem Moment ein wunderschönes Geheimnis. Alternative Varianten sind wie ein Wechselgespräch aufgebaut. Bei der Wechselvariation formulieren beide Partner*innen im Vorfeld gemeinsam das Gelübde.

BEISPIEL EINES GELÜBDES EINE(R) DER BEIDEN PARTNER*INNEN

Sich vor so vielen Menschen romantische Dinge zu sagen ist schwierig ohne in Tränen auszubrechen. Auch wenn man alle hier anwesenden kennt und Sie unser Leben begleitet und mitgestaltet haben.

Was man sich verspricht, wenn man den Rest seines Lebens miteinander verbringen will?

Natürlich treu zu sein, und ehrlich.

Ehrlich bedeutet für mich offen zu sein, sich mitzuteilen und über ALLES reden zu können.

Es klingt wie eine Floskel, wenn man das über seine(n) Partner*in sagt – Wir können über alles reden. Aber tatsächlich bist du der/diejenige, mit dem das für mich funktioniert. Bei dem/der ich mich öffnen kann und keine Scheu haben muss etwas zu sagen, und sei es noch so unangenehm. Du hast immer ein offenes Ohr für mich und verurteilst keinen meiner Gedanken.

„Wir streiten uns nie"... Noch so eine Floskel die man sich mit seiner rosaroten Brille wünscht. Und so romantisch ich auch bin, nie hätte ich glauben können jemanden an meiner Seite zu haben mit dem man ein so harmonisches und liebevolles Zusammenleben zelebriert wie mit dir. Danke, dass du mein ruhiger Fels bist, egal wie stürmisch ich auch bin.

Was möchte ich dir noch versprechen?

Dich zu unterstützen und bei dir zu stehen in guten wie in schlechten Tagen.

Aber an schlechte Zeiten will man gar nicht denken und man kann sich in dem Moment in dem man sich das Ja-Wort gibt auch nicht vorstellen, dass solche Zeiten jemals anbrechen werden. Und deswegen denken wir auch heute nicht an mögliche Täler, durch die wir vielleicht gehen müssen. Nicht, weil wie Sie ignorieren, sondern weil wir wissen, dass wir Sie gemeinsam beschreiten können und es uns nur stärken wird.

Im Moment, jetzt gerade, sind wir glücklich und herzerfüllt. Verliebt und Geliebt. Diese Art von Liebe bei der einem ganz warm im Bauch wird und das Herz Flügel bekommt.

Natürlich Versprechen wir uns da zu sein füreinander und uns zu lieben und zu ehren. Uns zuzuhören, uns zu verzeihen, aber am wichtigsten: miteinander zu sprechen, nichts unausgesprochen zu lassen.

Was das große Abenteuer Leben auch immer für uns bereithalten wird.

Ich bin Dankbar dich an meiner Seite zu wissen und dieses Abenteuer mit dir gemeinsam weiter bestreiten zu dürfen.

Ich liebe dich!

ODER:

Du bist der/die, die ich mir immer in meinem Leben gewünscht habe. Mit dir an meiner Seite werde ich Ganz. Du verleihst mir Kraft, wenn ich mal schwach bin. Du schenkst mir deine Liebe und Zuneigung, wenn ich mich selbst mal nicht annehmen und lieben kann.

Du bist mein Fels in der Brandung, der mich über Wasser hält, wenn die Wellen des Lebens höherschlagen. Ohne dich will und kann ich nicht mehr sein.

Ich liebe dein Lachen von Innen raus, deine aufrichtige Ehrlichkeit, deine Herzenswärme und deine positive Sicht auf all die Dinge des Lebens.

Mit dir will ich das Leben erleben, unsere gemeinsamen Ziele erreichen und an oberster Stelle will ich dich zum glücklichsten Menschen auf der ganzen Welt machen.

Am heutigen Tag verspreche ich dir für unsere gemeinsame Zukunft: Ich lass dich nie mehr los! Seite an Seite von heute an mit und bei dir!

Ich werde da sein für dich und deine Hand halten, in all den Momenten unseres Lebens, seien sie sanft oder stürmisch.

Der Platz in meinem Herzen soll von nun an der Ort deiner Geborgenheit sein. Der Ort, an dem du immer spüren wirst: Ich liebe dich!

BEISPIEL EINES WECHSELSEITIGEN GELÜBDES

Partner*in 1: Unter den Augen all der Menschen, die uns Familie und Freund sind, sage ich heute aus tiefstem Herzen und freiem Willen JA. JA zu dir und ja zu uns.

Partner*in 2: Ich sage JA zu dir als mein(e) Partner*in und meinem/meiner Freund*in.

Partner*in 1: Ich sage ja zu dir als meiner Ehefrau/meinem Ehemann, …, und …

Partner*in 2: Ich will gemeinsam mit dir lachen und glücklich sein.

Partner*in 1: Ich will mich gemeinsam mit dir freuen und stolz an Deiner Seite stehen.

Partner*in 2: In schlechten Zeiten werde ich dir Halt sein, wenn du weinst, dir die Tränen trocknen und für dich einstehen, wenn dir jemand Unrecht tut.

Partner*in 1: Ich werde für dich der/die Kämpfer*in sein, wenn du selbst kraftlos bist. Ich werde die Antwort sein, wenn du nach Hilfe fragst.

Partner*in 2: Ich verspreche dir, immer an deiner Seite zu stehen und zu bleiben.

Partner*in 1: Ich verspreche dir, auch dann mit dir zu reden, wenn Schweigen einfacher wäre.

Partner*in 2: Ich will bis zum Ende unserer Tage an deiner Seite sein, weil du die Liebe meines Lebens bist.

Partner*in 1: Ich will dich stets fühlen lassen, dass ich dich liebe, ehre und achte. Du bist mein Herzschlag, meine Liebe, mein Alles.

Ein(e) gute(r) Redner*in wird einige Aspekte der Gelübde dann sicherlich aufgreifen und, sollte es eben im Anschluss an die Abfrage der Willensbekundung kommen, diese in die Frage(n) mit einbeziehen und darauf aufbauen.

Im Internet finden sich zahlreiche Beispiele für weitere Formulierungen zu Gelübden, also einfach auch mal stöbern und sich Anregungen holen.

15. MUSIK – GESPIELT WIRD, WAS GEFÄLLT!

Von Hardrock über Schlager, hin zu einem herzhaften Jodler-Lied war schon alles dabei.

A Cappella, instrumental, Klavier im Garten oder fünfköpfige Band auf der Alm – gespielt und gebucht wird, was dem Paar gefällt.

Manche Paare buchen Band oder Sänger*in für die Zeremonie und für die anschließende Hochzeitsfeier zusammen, andere haben einen Sänger oder Sängerin zur Zeremonie und eine Band für den Abend und wiederum andere nehmen Musik für die Zeremonie von Band.

Wie bereits erwähnt, kann der/die ein oder andere Künstler*in vom Strom abhängig sein, was bedacht werden sollte, findet die Zeremonie fernab der Zivilisation statt. Sonst beschränkt sich die Suche nach Musik auf die klassische Gitarre oder andere stromunabhängige Instrumente.

Hinsichtlich der musikalischen Umrahmung rate ich für die freie Trauung, je nach Inhalt der Zeremonie, zur bewährten Anzahl von vier Titeln. Das erste Lied zum Einzug des Paares, ein weiteres nach dem ersten größeren Teil bzw. der Paar-Rede, ein dritter Song nach dem Ja-Wort und ein viertes Musikstück zum abschließenden Auszug des Paares.

Erfahrungsgemäß sollten die einzelnen Titel eine Länge von drei bis dreieinhalb Minuten nicht überschreiten, um die ganze Zeremonie nicht zu sehr in die Länge zu ziehen. Längere Stücke lassen schnell Ungeduld unter den Gästen aufkommen und viele fangen dann an sich leise (oder laut) zu unterhalten.

Manche Familienmitglieder sind selbst mehr oder weniger musikalisch begabt und möchten gern einen Part innerhalb der Trauung mit ihrem Gesang oder Musikinstrument übernehmen. Dies ist oftmals ein wunderschöner und natürlich sehr persönlicher Beitrag zum großen Anlass.

Bedacht werden sollte dabei aber auch, dass dies ein sehr emotionaler Moment werden kann, zu dem die Tränen fließen und geschluchzt wird – und das nicht nur beim Paar, sondern evtl. auch beim Künstler oder bei der Künstlerin. Da kann es schon mal sein, dass die Luft wegbleibt beim Singen oder man den Text vergisst.

Ich finde, das darf auch sein und es macht die Feier umso emotionaler und oftmals sind das die schönsten Erinnerungen, wenn etwa die Mama während des Singens in Freudentränen ausbricht und der Text dann spontan individualisiert wird. Generell kommen die Trauungen am besten an, bei denen nicht alles zu 100% perfekt ist und es spontan auch zum Lachen einlädt und sich tolle Erinnerungen daraus ergeben.

Bei der Suche nach einem professionellen Sänger oder einer Sängerin gibt das Internet eine Vielzahl von Angeboten her. Die meisten Profis bieten Hörproben an, sodass man sich schon mal ein „stimmliches" Bild machen kann. Ebenso findet sich oftmals eine Liste des angebotenen Repertoires wieder. Sollte ein gewünschter Song beim/bei der sonst aber stimmlich auserwählten Künstler*in nicht aufgelistet sein, einfach nachfragen. Die meisten Sänger und Sängerinnen studieren gerne neue Lieder ein und erfüllen auch so die Wünsche der Paare.

16. DIE GÄSTESCHAR

Viele der Gäste kennen sich wahrscheinlich schon und dennoch ist es ein bunt zusammengewürfelter Haufen, der einzig und alleine wegen des Paares zusammenkommt.

Für die freie Trauung, wie auch für jede andere Form der Hochzeit, spielt es so gesehen keine Rolle wer die Gäste sind. Bei einer freien Trauung allerdings hat man die Möglichkeit, die Gäste (alle oder einen Teil) in die Zeremonie mit einzubinden (siehe Ritual Regenbogen-Bandritual, Ringkinder, Blumenkinder) oder sich auch als Hochzeitspaar an alle Gäste oder die enge Familie mit ein paar Worten wenden zu können.

Wenn die Gäste, in welcher Form auch immer, mit eingebunden werden, z.B. in dem sie Reis zum Auszug des Paares werfen, einen Blumenregen veranstalten oder während der Zeremonie einen Text vortragen oder Fürbitten übernehmen, sind sie nicht nur Zuschauer, sondern werden zu aktiven Mitwirkenden. Die allgemein positive Stimmung verändert sich dadurch um ein Vielfaches und es lockert auch den Ablauf immer auf.

Manche Paare richten erst später bei der anschließenden Feier ein paar Worte an die Gäste. Manch andere wünschen dies während der Zeremonie oder nehmen zumindest die enge Familie, sprich meist die Eltern und Geschwister zum Anlass, ihre Dankbarkeit während der Trauung auszusprechen.

17. TIERISCHE GÄSTE

Zur Gästeschar gehören oftmals auch tierische Begleiter, welche auch hin und wieder einen Dienst übernehmen.

Der Hund als Ringträger ist heute keine Seltenheit mehr. Viele Paare wünschen sich, dass ihr vierbeiniger treuer Freund ihnen die Ringe überbringt. Dies klappt manchmal besser und manchmal weniger, jedoch niemals ohne ein herzhaftes Lachen oder hingerissenes Schluchzen der Gäste.

Es gab Paare, die sich über ihre Hunde kennen gelernt haben und da ist es doch klar, dass die Hunde ihren Ehrenplatz jeweils zur Seite des Paares einnehmen.

Oder dass der zahme Papagei schulterherabblickend das Ganze als Zeuge befolgt und das Ja des Paares freudig nachplappert.

Pferdebegeisterte Paare ritten schon zusammen durch die Gästereihe zum Ort des Geschehens, sagten Ja zueinander, steckten sich die Ringe hoch zu Ross an den Finger, um dann kehrt wendend wieder durch das Spalier an Gästen in ihre nun beginnende Ehe galoppierten.

18. RECHTLICHES UND WISSENSWERTES

Ganz gleich ob es sich um eine kirchliche oder freie Trauung handelt, rechtswirksam ist eine Eheschließung nur durch den Akt einer standesamtlichen Trauung. Nur so erhält man alle Rechte und Pflichten eines Ehepaares, welche sich im zivilen Leben dann einstellen.

Eine freie Trauung ist der Vollzug einer schönen Feier mit allen Freunden und Familienangehörigen, an die man sich gerne erinnert und die man festlich und feierlich gestaltet. Es verleiht dem Eheschluss das besondere Etwas und stellt das Ereignis in einer erinnerungswürdigen Form dar.

Für gleichgeschlechtliche Paare verwehrt die kath. Kirche ohnehin jede Art von Segnung bzw. ist zu diesem Thema in ständiger Diskussion. Die evangelische Kirche ist da offener, ebenso die altkatholische Kirche, wie in Kapitel 3 ja bereits ausführlicher dargestellt wurde.

Die freie Trauung verwehrt sich nur denjenigen, die aus rechtlichen Gründen auch nicht heiraten dürfen, bspw. Blutsverwandten.

Ansonsten orientiert sich die freie Trauung an der Liebe, die zwei Menschen füreinander empfinden und dem Wunsch, in Verantwortung füreinander gemeinsam durch Leben zu gehen, und dies in einer Zeremonie auch nach außen zeigen und bekräftigen zu können.

19. KOSTEN

Wie bereits erwähnt, orientiert sich der Preis an der angebotenen Leistung und ist vom/von der Dienstleister*in abhängig.

Eine durchschnittliche freie Trauungszeremonie mit einer Dauer von 45-60 Minuten bewegt sich üblicherweise im Rahmen 600-1000 €, zuzüglich eventueller Fahrt- und Übernachtungskosten.

Ausnahmen gibt es genügend. Im Grunde müssen letztendlich die Auftraggeber*innen entscheiden, was für Sie in ihrem finanziellen Rahmen liegt, wie ihre Erwartungen an die Zeremonie sind und ob das Preis-Leistungsverhältnis gerechtfertigt erscheint. Günstig heißt nicht gleich schlecht und teuer heißt nicht immer gut.

Als Orientierungshilfe dient oftmals auch ein Blick auf die berufliche Qualifikation, Referenzen anderer Paare oder, im besten Falle, auf Empfehlung Dritter, welche die Dienstleistenden schon in Aktion erleben durften.

www.daniel-buehling.de

20. KONTAKT ZU MIR

Liebes Hochzeitspaar,

ihr sucht einen Hochzeitsredner, der eure Wünsche und Vorstellungen in einer einmaligen Zeremonie mit euch zusammen gestaltet und umsetzt?

Mein Angebot für euch:

- Persönliches Vorgespräch bei Kaffee und Kuchen, bei dem Ihr mir eure Vorstellungen und Wünsche mitteilt.

- Verfassen einer liebevollen, auf Euch zugeschnittenen Trauungsrede inkl. Ausarbeitung der Hochzeitszeremonie.

- Durchführung eurer Trauungszeremonie.

- Begleitung während der gesamten Zeit vom ersten Kontakt bis zu eurer Hochzeit.

- Trauungsurkunde und eine gebundene Ausgabe eurer Trauungszeremonie.

- Auf Wunsch Kontaktvermittlung zu Hochzeitsfotografen*innen, Musikern*innen, Floristen*innen und Locations.

Ihr erreicht mich über die E-Mail-Adresse **info@daniel-buehling.de**

Ich freue mich auf unser erstes Gespräch und eure Fragen.

Herzliche Grüße von eurem Hochzeitsredner

Daniel Bühling

Bühling, D. & Englmann, F. (2017). *Das 11. Gebot: Du sollst nicht darüber sprechen: Dunkle Wahrheiten über das Priesterseminar*. Riva. ISBN: 9783742304155

MEDITATION, SELBSTHILFE UND RATGEBER
von und mit Daniel Bühling

Schöpfer-Ich: Das eigene Leben selbst gestalten
Buch mit Übungen auf Audio-CD.

Bühling, D.; Bad Oldesloe: Neue Erde GmbH, 2013.
ISBN 978-3-890-60630-9.

Auch als Hörbuch-Version erhältlich:
Bühling, D.; GD Publishing, 2021.
ISBN: 978-3-969-31310-7

Hörbücher:

Gesund gedacht! – Mentalcoaching für Zuhause (Vol.1): Ruhe und Gelassenheit. Spieldauer: 37 Min.

Bühling, D.; GD Publishing, 2021. ISBN: 9783969313497

Gesund gedacht! – Mentalcoaching für Zuhause (Vol.2): Traumfänger. Spieldauer: 41 Minuten.

Bühling, D.; GD Publishing, 2021. ISBN: 9783969314258

Glücklich gedacht! Happy Day! – Powerprogramme für ein glückliches Leben. Spieldauer: 25 Minuten

Bühling, D.; GD Publishing, 2021. ISBN: 9783969313879

Und noch mehr auf: **www.daniel-buehling.de**